Mica Nozawa

pa-adballi
for guitar and piano

野澤美香
ギターとピアノのための
パードバリ

GG361

（株）現代ギター社

GENDAI GUITAR CO.,LTD.
1-16-14 Chihaya, Toshima-ku, Tokyo, Japan

■ 序文

pa-adballi

音節 pa・ad・balli　発音記号 pá:db'æli
【名詞】【可算名詞】
1 《神》戒律を捨て楽園へ逃げた高僧。あるいは脱ぎ捨てられた法衣（鳥になって飛び去ったといわれている）。
2 好機会。《宗》時満ちた瞬間。（別形：pa-adbaliig）
3 暴動、反乱。

パードバリ。出奔する僧侶！
彼を突き動かしたものは何であろうか？
教徒としてよって立つところの「戒律」の放棄。
自らを戒める道徳的な規範を捨て、自らをとりまく他者との関係を律するルールをも捨てて彼は何を求めようとしたのだろう？　悲観的な大ごとではなくむしろ愉快な空想がとまらない。

たとえば「僧侶」を「作曲家」と置きかえれば面白い物語が読める。私たちがすでに手にしている黄金比のようなメソッドや、そこから逸脱することで立ち現れた珠玉の作品群を反故にしてみるのはどうだろう、と考える。「さらに新しい音楽」を獲得しようとつねに反芻してきた「音楽の在り様」を、何気なく楽天的に捨ててみる。そして得られる新しい音楽的な「戒律」はあるのだろうか？
いいや、それさえも考えず楽園へ逃げてみよう。

パードバリ。出奔する作曲家。
大好きなギターと慣れ親しんだピアノでとにかく
愉快な曲を書いてみよう……。
世紀明け前の1999年、一つの転機を迎えるべく私はこの小さな曲を書いたように思えてならない。
作曲をするさまざまな想いの中で、まさにこの楽曲が「パードバリ」として立ち現れることを夢想したのである。

野澤美香

「Pa-adballi」はこの楽曲をイメージした造語です。

Preface

pa-adballi

Syllables: pa・ad・balli　phonetic: pá:db'æli
Noun (countable)
1. 《Shinto》A high priest who has abandoned the precepts and escaped into paradise. Also refers to the robe which he has taken off. (It is said that he turned into a bird upon escaping)
2. A good opportunity. 《Religious》When the time for an important event has come. (alternative form: pa-adbaliig)
3. A riot, a revolt

Pa-adballi. A (Buddhist) priest runs away!
What arouses him to such action?
The denouncing of 'precepts' which define him as a believer...
By abandoning the moral standards which admonish him, and throwing away the rules which govern his relationship with others, what was he looking for? Rather than being pessimistic about it, it gives way to fanciful imagination.

If, for example, we replace the word 'priest' with 'composer', we can read an interesting story. What might come out of throwing away methods such as the 'golden rule' which we already possess, or musical gems which come out of deviating from such rules?
Optimistically, we throw away the 'ways music should be' which we have developed as we try to acquire 'even newer music'. Are there new musical 'precepts' which come out of it?
No, let's escape into paradise without even ruminating over such things...

Pa-adballi. A composer runs away.
I wanted to write a cheerful piece for the guitar (my favorite instrument) and the piano (my most familiar)...
I felt writing this piece, at the end of the last century in 1999, was a kind of a personal turning point.
Going through the thought processes of composition, I dreamt this piece manifesting itself as a 'pa-adballi'.

Mica Nozawa

'Pa-adballi' is a coined word which comes from the character of this musical work.

1999年 自宅にて

■野澤美香　作曲家
故入野義朗、松平頼暁に作曲を師事。国立音楽大学作曲学科卒業。現代音楽の語法を下敷きにジャンル間を横断するユニークな作風で国内外からの楽曲委嘱をはじめ、映画／映像、ダンス／演劇／パフォーマンスなどの舞台音楽を多数発表するほかTVドラマ、CM、ゲーム音楽等も手掛ける。

86' 現代音楽協会作曲コンクール新人賞入選
88' Asian Cultural Council（米国ロックフェラー財団）の奨学金により研究生として渡米
92' 「現代日本の身体表現」によりヨーロッパツアー
ドイツ／ベルリン　Urbane Aboriginare フェスティバルに招聘
オランダ／アイントホヴェン　Het Apollohuis にてパフォーマンス
フランス／ニース　Manca フェスティバルに招聘
00' バッハ没250年記念ICC国際作曲コンクール第2位受賞
02' NY「Music from Japan 1960年代生まれの日本の作曲家6人」に選出され公演
05' Civitella Ranieri 財団（イタリア）のフェローシップにより招待芸術家として渡伊

■プロジェクト
ピアニスト中村和枝、トロンボーン村田厚生との現代音楽ユニット「yes-yes」としてのコンサートシリーズを企画
若手をプロデュースする「パフォーマンス東京"Solitaire"」主宰
米国マーサ・グラハム・ダンスカンパニープリンシパルの折原美樹とのパフォーマンスユニット「Lotus,Lotus」で公演やワークショップを開催
「芭蕉座」松尾芭蕉『奥の細道』を題材に歌、ピアノ、語りで作るプロデュース公演

Mica Nozawa Composer,
Studied composition with the late Yoshiro Irino and Yori-Aki Matsudaira. Studied composition at Kunitachi College of Music. Her works are in an unique style which crosses between genres rooted in techniques of modern music. She has written many commissioned works as well as music for film/video, and stage works for dance/plays/performances. She has also written for TV dramas, commercials, video games.

1986: Prizewinner at Japan Society for Contemporary Music New Composer Award.
1988: Research student in the United States, with a scholarship from Asian Cultural Council (Rockefeller Foundation)
1992: European tour for 'Physical Expression in Modern Japan'
Berlin, Germany Invited to Urbane Aboriginare Festival
Eindhoven, Netherlands   Performance at Het Apollohuis
Nice, France   Invited to Manca Festival
2000: Second Prize, ICC International Composition Competition for the 250th anniversary of Bach's death
2002 Selected for performance at 'Music from Japan: 6 Japanese Composers born in the 1960s' in New York.
2005: Travels to Italy as guest artist with a fellowship from Civitella Ranieri Foundation (Italy).

Projects
Concert series for the modern music unit 'yes-yes', with pianist Kazue Nakamura and trombonist Kosei Murata.
President of 'Performance Tokyo "Solitaire"', an organization for young artists.
Performances and workshops for the performance unit 'Lotus, Lotus' with Miki Orihara, principal dancer of The Martha Graham Dance Company (U.S.).
Producer and performer in 'Basho-za', a performance for voice, piano and narrator based on Oku no Hosomichi by Matsuo Basho.

pa-adballi

for guitar & piano

Mica Nozawa

現代ギター社の出版物

●アサヒビール・コレクション

GG360 寺嶋陸也：ギターとピアノのためのエクローグ第1番　¥1,400+税

GG361 野澤美香：ギターとピアノのパードバリ　¥2,000+税

GG362 宮木朝子：ギターとピアノのためのロスト・ソング　¥2,000+税

GG363 フェビアン・レザ・パネ：ギターとピアノのための織りなす魔法の踊り　¥2,400+税

GG364 香取良彦：ギターとピアノのための二重奏　¥2,000+税

GG365 藤井郷子：木管楽器とギターのための Daydream （近刊）

GG366 沢田穣治：木管楽器とギターのための NANA　¥2,000+税

GG367 上野耕路：木管楽器とギターのためのトランキュリティ　¥2,000+税

GG368 三上直子：管楽器とギターのための甘い言葉をかわして…　¥2,000+税

GG369 一ノ瀬 響：管楽器とギターのための Points & Lines　¥2,000+税

GG182 ジュリアーニ：フルート（ヴァイオリン）とギターのための作品集 Vol.1
変奏とポロネーズ Op.24a，レントラーによる6つの変奏 Op.63，6つの変奏曲 Op.81，ロッシーニのオペラ「セミラーミデ」より"なんと寂しげなうめき声"WoO。スコア＆Fl パート譜＆Vn パート譜。P.L. グラーフ＆加藤政幸・編　¥2,600+税

GG183 ジュリアーニ：フルート（ヴァイオリン）とギターのための作品集 Vol.2
協奏風大二重奏曲（軍隊風ロンド付）Op.52，変奏曲 Op.84，協奏風大二重奏曲（ソナタ）Op.85。スコア＆Fl パート譜＆Vn パート譜。P.L. グラーフ＆加藤政幸・編　¥2,900+税

GG235 シューベルト＝ベーム：6つの歌曲／6つの歌曲（おやすみ／菩提樹／漁師の娘／セレナード／海辺で／鳩の便り）。スコア＆Fl パート譜。佐々木 忠・編　¥2,100+税

GG316 グリーグ：フルートとギターのための15の抒情小品集
アリエッタ Op.12-1，ワルツ Op.12-2，妖精の踊り Op.12-4，民謡 Op.12-5，ノルウェーの旋律 Op.12-6，アルバムの綴り Op.12-7，山の夕べ Op.68-4，ワルツ Op.38-7，郷愁 Op.57-6，悲歌 Op.38-6，羊飼いの少年 Op.54-1，メロディー Op.47-3，小人の行進 Op.54-3，思い出 Op.71-7，ハリング Op.47-4（グリーグ）。T. ミュラー＝ペリング・編　¥2,500+税

GG332 ドヴォルザーク：フルートとギターのためのソナチネ Op.100／松居孝行，服部牧人・編　¥1,800+税

GG151 二橋潤一：7つの肖像（ヴァイオリンとギターのための）
パヴァーン～ダウランドの肖像，ノベレッテ～シューマンの肖像，舟歌～メンデルスゾーンの肖像，前奏曲～バッハの肖像，バラータ～ランディーニの肖像，行進曲～プロコフィエフの肖像，シシリエンヌ～フォーレの肖像。スコア＆パート譜。　¥1,800+税

GG199 ヴァイオリンとギターのためのヴァイオリン名曲集 Vol.2
序奏とロンド・カプリチョーソ（サン＝サーンス），愛の喜び／愛の悲しみ／美しきロスマリン（クライスラー），ラルゴ（バッハ）。スコア＆パート譜。原 善伸＆島根 恵・編　¥2,200+税

GG258 ドヴリース：ディヴェルティメンティ・ア・デュエ（ヴァイオリンとギターのための）
ディヴェルティメンティ・ア・ドゥエ（序章，ワルツ，カフェ・コンサート，マルシア，フィナーレ）。スコア＆Vn パート譜。　¥1,600+税

GG266 佐々木 忠：ヴァイオリン（フルート）とギターのための2つの日本の歌
砂山，松島音頭。スコア＆パート譜。　¥1,500+税

GG178 マンドリンとギターのための名曲集 Vol.1
アレグロ～マンドリン協奏曲ハ長調より（ヴィヴァルディ），ロンド～アイネ・クライネ・ナハトムジーク KV525 より（モーツァルト），官僚的なソナチネ（サティ），エスコヘガンド（ナザレ），スペイン奇想曲（ムニエル）。スコア＆マンドリン・パート譜。永塚 節・編，竹内郁子・監修　¥2,400+税

GG249 マンドリンとギターのためのマリオネット作品集2
虹色の空へ，航海王子，ラティーナの誘惑，遠い海の記憶，お嬢様の秘密。スコア＆マンドリン・パート譜。　¥2,000+税

GG283 マンドリンとギターのためのブラジル音楽集
ブレジェイロ（ナザレー），郷愁のショーロ（バリオス），ショーロス第1番（ヴィラ＝ロボス），ティコ・ティコ（アブレウ），嵐のような口づけ（ナザレー），あの頃は（ピシンギーニャ＆ラセルダ），郷愁（カラード），カリニョーソ（ピシンギーニャ），カバキーニョ，お前を捕まえた（ナザレー）。スコア＆Mand パート譜。平倉信行＆濱野高行・編　¥2,400+税

ギターとピアノのための
パードバリ

野澤美香●作曲

定価［本体 2,000 円＋税］
GG361

pa-adballi
for guitar and piano
Mica Nozawa

2016年2月10日初版発行

発行元 ● 株式会社 現代ギター社
〒171-0044 東京都豊島区千早 1-16-14
TEL03-3530-5423　FAX03-3530-5405

無断転載を禁ず

印刷・製本 ● 錦明印刷株式会社
装幀 ● 佐藤朝洋
浄書・版下 ● Woodnote Studio
コード番号 ● ISBN 978-4-87471-361-7 C3373 ¥2,000E

© Gendai Guitar Co., Ltd.
1-16-14 Chihaya, Toshima-ku, Tokyo 171-0044, JAPAN
http://www.gendaiguitar.com
1st edition : February 10th, 2016
Printed in Japan

楽譜や歌詞・音楽書などの出版物を権利者に無断で複製（コピー）することは、著作権の侵害（私的利用など特別な場合を除く）にあたり、著作権法により罰せられます。

また、出版物からの不法コピーが行なわれますと、出版社は正常な出版活動が困難となり、ついには皆様方が必要とされるものも出版できなくなります。

音楽出版社と日本音楽著作権協会（JASRAC）は、著作者の権利を守り、なおいっそう優れた作品の出版普及に全力をあげて努力してまいります。どうか不法コピーの防止に、皆様方のご協力をお願い申し上げます。

(株)現代ギター社
(社)日本音楽著作権協会